...EMENT SUR LE THÉÂTRE

COMPOSANT LA BIBLIOTHÈQUE

DE M. CHARLES BRUNET

(HOMME DE LETTRES)

DONT LA VENTE AURA LIEU

... DÉCEMBRE 1878 ...

PARIS

... LIBRAIRIE ...

1878

CATALOGUE

DES LIVRES

PRINCIPALEMENT SUR LE THÉATRE

COMPOSANT LA BIBLIOTHÈQUE

DE FEU M. CHARLES BRUNET

HOMME DE LETTRES.

THÉOLOGIE.

---

1. Officium sancti Germani (Office de saint Germain l'Auxerrois). *Paris, Quillaut,* 1722, in-12, m. n. tr. dor. jans.

   Dans le même exempl., Office de saint-Landery. *Paris, Quillau,* 1723, in-12.

2. Office de saint Jacques le Majeur. *Paris, Prault,* 1739, portr. in-12, m. v. dent. tr. dor.

3. Office propre de saint Charles Borromée. *Paris, de Hansy,* 1768, in-12, mar. r., dent. tr. dor. portr.

4. Vie (la) et les miracles de saint Antoine, abbé. *Troyes, Garnier, s. d.,* in-8, br.

C. B.

1

5. Histoire de Barlaam et de Josaphat, roi des Indes, composée par saint Jean Damascène et traduite par Jean de Billy. *Lyon, Bt Rigaud,* 1592, petit in-12, r. ant.

6. De la Démonialité et des animaux incubes et succubes, par le R. P. Sinistrari d'Ameno, publ. par Isid. Liseux. *Paris, Liseux,* 1876, petit in-12, broché.

JURISPRUDENCE.

7. Pénalités (les) anciennes, supplices, prisons et grâces en France, par Ch. Desmaze. *Paris, Plon,* 1866, in-8, broché, fig.

8. Juliani Pelei, in senatu Parisiensi advocati, Quæstio singularis de solutione matrimonii ob defectum testium non apparentium in senatu tractata et judicata. *Parisiis, Cl. Morel,* 1602, in-8, parch. Rare.

9. Vie privée et criminelle d'Ant.-Franç. Desrues. *Paris, Cailleau,* 1777, in-12 avec portrait, demi-mar. r. n. r. tête dor.

On a intercalé dans cet exemplaire 40 gravures du temps, in-fol. pliées, y compris un 2e portrait. *Rare.*

SCIENCES ET ARTS.

—

10. Montaigne (Essais de Michel de). *Paris, Lefèvre,*
1844, 8 vol. in-18, demi-r. v. n. r.

11. Collection des moralistes anciens. *Paris, Didot,*
1872, 13 vol. in-12 brochés.

Sénèque	2 vol.
Socrate	2 —
Plutarque	2 —
Vie de Cicéron	1 —
Isocrate	1 —
Lacédémoniens	1 —
Épictète	1 —
Confucius	1 —
Auteurs chinois	1 —
Théophraste	1 —

Morale de Jésus-Christ et des apôtres, 2 tomes.

12. Quelques Pensées extraites de divers moralistes.
Paris, imprim. de Baudouin, 1793, pap. vél.
in-64, mar. r.

13. Loisirs philosophiques de M. B. (Blondel). *Paris,*
Duchesne, 1756, in-12, mar. r. tr. dor. filets.

Nom de Racine Demonville, imprimé sur le plat.

14. Récréations (nouvelles) physiques, par Guyot.
Paris, 1799, 3 vol. in-8, rel. d. v. tach.

15. Arago, Notices. *Paris, Bachelier,* 5 vol. in-18,
demi-vel. f. n. r.

16. Médecin (le) libéral qui donne gratis des remèdes
salutaires contre les frayeurs de la mort, par
Jacques Jacques. *Lyon, Ch. Mathevet,* 1666, in-12,
demi-mar. v. tr. dor.

17. Admirables Secrets de la médecine chimique du

Sr Quinti. *Venise et Liége, Bonnard,* 1711, in-12, fig. mar. r.

18. Description de la fontaine minérale de Chenay, par N. Abraham Sr de la Framboisière. *Reims (Brissard-Binet),* 1606, in-24, br.

Réimpression tirée à 100 exemplaires. N° 32.

19. Étude médico-légale sur la pendaison, par Tardieu. *Paris, Baillière,* 1870, in-8, br.

20. Étude médico-légale sur les attentats aux mœurs, par Ambr. Tardieu. *Paris, Baillière,* 1858, in-8, fig., broché.

— Étude médico-légale sur l'avortement, 3e édit. *Paris, Baillière,* 1868, in-8, br.

————

21. Dames (le jeu des) avec toutes ses maximes et ortografe, par Mallet. *Paris, P. Mallet,* 1665, in-12, pl. mar. r. tr. dor.

22. Dames.— Égide de Pallas, ou théorie et pratique du jeu de dames. *Paris, Rebuffi,* 1727, in-8, v. f.

23. Dames (Traité du jeu de) à la polonaise, par le Sr Philidor (Danican). *Amsterd., Heintzen,* 1785, in-12, m. r., tr. dor., filet.

Armes sur les plats.

24. Dames (le jeu de) à la polonaise, par Manoury, suivi de l'Art polonais (poëme didactique). *Paris, l'auteur,* 1787, in-12, pl. ajoutées, demi-cuir de Russie, n. r.

25. Dames (coups de) de Blonde (les planches sont manuscrites), revêtus de sa griffe et de sa signature. *Paris, an VI,* in-8, demi-m. r.

26. Dames (les 4 jeux de) par l'Allement. *Metz, l'auteur*, 1802, 3 vol. in-12, texte et pl., demi-cuir de Russie, n. r.

27. Recueil de coups de dames et de fins de parties difficiles, par Dufour. *Paris, Everat*, 1807, in-12, texte et pl., demi-cuir de Russie, n. r.

28. Manuel des amateurs du jeu de Dames, par A. A. E. (Everat). *Paris, Everat*, 1811, in-12, texte et pl., demi-cuir de Russie, n. r.

29. Encyclopédie du jeu de Dames, comprenant une nouvelle notation. *Commerci, Cabasse*, 1855, in-8, br.

30. Traité du jeu de Dames, par Ch. van Tenac. *Paris, Passard*, 1856, in-12, br.

31. Nouveau Manuel théorique et prat. du jeu de Dames, par Grégoire. *Paris, Peltier, s. d.*, in-fol., demi-m. r. n. r., pl.

32. Dames (coups de), par Jaffa. Recueil de planches, in-24 carré, demi-m. r. n. r.

33. Dames. Sturges's critical situation in the game of draughts. *London*, in-12 carré, demi-m. r.

34. Dames (200 nouv. problèmes récréatifs du jeu de), par Commard. *Paris, Guillaume*, 1823, in-12, fig., demi-cuir de Russie, n. r.

35. Dames (coups de). 2 vol. in-8, demi-m. r.
Manuscrits. Signature de Blonde.

36. Alphabetum mortis (Holbein pictor). *Cologne, Rome et Bruxelles*, 1849, in-12, br., texte allemand.

37. Danse (la) des morts, gravée d'après les tableaux

à fresque qui se trouvaient sur le mur du cimetière de l'église Saint-Jean, à Bâle. *Basle, Stuckert,* s. d., in-24, figures, br.

BELLES-LETTRES.

I. LINGUISTIQUE.

38. Méthode (nouvelle) pour apprendre facilement la langue latine (Port-Royal). *Paris, D. Thierry,* 1861, in-8, rel. v. f., filets.

39. Richelet. Dictionnaire de la langue françoise. *Amsterdam,* 1632, 2 vol. in-4, demi-v., rac.

40. Dictionnaire des abréviations latines et françaises au moyen age, par Chassant. *Evreux, Cormouillot,* 1846, in-12, br.

41. Jargon (le), ou langage de l'argot réformé. *Troyes, Baudot,* s. d., in-12, br.

42. Jargon (le), ou langage de l'argot réformé. *Beauvais, Diot,* 1817, in-18, br.

II. POÉSIE.

43. Horatii Flacci Opera, avec trad. interl. en anglais. *London, Thomas Ward,* 1827-1830, 4 vol. in-18, demi-m. n., tr. dor.

44. La Vie au temps des trouvères, par Antony Méray. *Paris, Claudin,* 1873, in-8.

45. Vie (la) au temps des Cours d'amour, par Antony Méray. *Paris, Claudin,* 1876, in-8, exempl. sur grand papier.

46. Charlemagne, an angl. normand poem, publ. par Fr. Michel. *Londres, Pickering,* 1836, in-12, cartonné.

47. Raencesval. Éd. critique du texte d'Oxford de la chanson de Roland, par Ed. Bœhmer. *Paris, Franck,* 1872, in-12, br.

48. Merlin, chanson de geste. Manuscrit copié sur celui de la bibl. de la rue Richelieu. Fonds français, n° 95, anciennement n° 6769, 1 vol. gr. in-8, copié en 1857.

Il compte 1138 pages, plus 48 pages de sommaire.

49. Mort (la) de Renaus de Montauban, in-12, d. v. f.

Manuscrit copié sur celui de la Bibliothèque Nat. fonds Cangé 7.186-3, copie faite en 1854.

50. Récits d'un Ménestrel de Reims, au XIII° siècle, publ. par Natalis de Wailly. *Paris, Renouard,* 1876, in-8, br.

51. Chansons des Pèlerins de Saint-Jacques, *s. l. s. d.* in-32, 1/2 m. bleu.

52. Chanson (la) de la Croisade contre les Albigeois, éditée et traduite par P. Meyer. *Paris, Renouard,* 1875, in-8, br.

Le tome I seulement.

53. Copie du manuscrit français de la Bibliothèque nationale, 7227-5 fonds Colbert.

Damis et Amile. Copie faite en 1853.

54. Marot, OEuvres complètes. *Paris, Picard,* 1868, in-16, pap. vel. fort, 4 vol. br.

55. Du Bellay (Divers jeux rustiques et autres œuvres poétiques de Joachim). *Paris, Liseux*, 1875, in-16.

56. Mignardises amoureuses de l'Admirée, par Tahureau, publ. par Blanchemain. *Genève, Gay*, 1868, in-16 br.

57. Contes en vers imités du Moyen de parvenir, publ. par un membre de la Société des Bibliophiles gaulois (Prosper Blanchemain). *Paris, Willem*, 1874, in-12, fig. dans le texte, br.

58. Les Élégies de la belle fille lamentant sa virginité perdue. *Paris, Willem*, 1873, in-8 br.

59. Pucelle (la), par Chapelain. *Paris, Courbé*, 1657, in-12, fig. avec la suite inédite. Copie faite sur le manuscrit de la Bibl. de la rue Richelieu et la Vie de Chapelain. 2 v. in-12, m. r. plein.

60. Boileau (œuv. de) avec notes de Brossette, et des remarques de St-Marc. *Amsterdam, Changuion*, 1775, 5 v. in-12, v f.

61. La Fontaine (œuvres complètes). *Paris*, 1826, 1 v. in-8 (fig. de Devéria), 1/2 m. r. n. r. tête d'or.
Édition en caractères microscopiques.

62. Deux Pigeons (les), fable de la Fontaine présentée comme essai d'une ortographe, etc. *Paris, imp. de Crapelet*, 1810, in-8 cart.

63. Essai sur la langue de la Fontaine, par Marty-Lavaux. *Paris, Dumoulin*, 1853, gr. in-8 br.

64. Faut-Mourir (le), par Jacques Jacques. *Lyon, ch. Mathevet*, 1666, petit in-12, demi-mar. r. tr. dor.

65. Fleur des chansons françaises. *Paris, Delarue*, s. d. in-8. d. mar. r.

66. OEuvres de Mme et de Mlle Deshoulières. *Paris, impr. de Crapelet, an VII, 2 v. in-8 br.*

67. Bernard, œuvres. *Paris, Janet et Cotelle, 1823, in-8, 1 fig. br.*

68. Berquin, Idylles et romances, 1er et 2e recueil. *Paris, Duffart, an IV, in-12, pap. vélin fig. veau, fil. tr. dor.*

69. Gedichte von Jehan de Condet, par Adolf Tobter. *Stuttgard, 1860, in-8 br.*

70. Hitopadésa, trad. par Lancereau. *Paris, Jannet, 1855, in-16 cart. n. r.*

III. THÉATRE.

a. Généralités. — Critique théatrale. — Bibliographie.

71. Léris. Dictionnaire portatif des théâtres. *Paris, Jombert, 1763, in-8 rel.*

72. Petite Bibliothèque des théâtres. *Paris, 1784. 5 v. in-18, demi-bas. n. r.*

73. Dictionnaire universel du théâtre en France et du théâtre français à l'étranger, par Goizet et Burtal. *Paris, 1866, 4 part. in-4 br.*

74. Histoire anecdotique du théâtre, par Ch. Maurice. *Paris, Plon, 1856, 2 v. in-8 br.* autographe.

75. Histoire anecdotique de la collaboration au théâtre, par Goizet. *Paris, 1867, in-12 br.*

76. Anecdotes dramatiques. *Paris, veuve Duchesne, 1775, in-8, 3 v. rel. v. f.*

77. L'Esprit au théâtre, par Colombey. *Paris, Hachette, s. d. in-12 br.*

78. Almanach forain. *Paris, Valleyre,* 1773, 1 v.

78. *bis.* Spectacles de foires et des boulevards de Paris.

> 3 vol. Paris, veuve Duchesne.
> 4e part. 1876 (indiqué à tort 1766) *id.* double.
> 5e — 1777, *id.* double.
> 6e — 1778.

En tout, 6 volumes.

79. Almanach général de tous les spectacles. *Paris, Froullé,* 1791 et 1792, 2 v. in-18, 1/2 v. f. tr. dor.

80. Journal des spectacles (en 1793). *Paris, Bureau gén. du Journ. des Spect. an II,* in-8 cart.

81. Année théâtrale pour l'an VIII. *Paris, Cailleau,* in-18, 1/2 v.

82. Année théâtrale, ans IX, X, XI, XII; 4 tomes en 2 v. in-18, 1/2 v.

83. Almanach des spectacles de Paris pour 1809. *Paris, Léopold Colin, s. d.* in-18 br.

84. Annuaire dramatique. *Paris, M*me* Cavanagh,* 1805-1822. 17 vol. in-32, demi-v. noir.

> Collection complète.

85. Almanach des spectacles, par K. Y. Z. (années 1818, 1819, 1822 et 1823). *Paris, Janet,* in-18.

> Les années 1818 et 1819 brochées.
> — 1822 et 1823 reliées en 1 vol v. rouge.

86. Indicateur général (l') des spectacles de Paris. *Paris,* 1819-1823, 4 v. in-12, 1/2 v. f. n. r.

87. Almanach des spectacles de 1822 à 1837. *Paris, Barba,* 13 vol. in-18, 1/2 v.

88. Année théâtrale, 1824-1825. *Paris, Didot,* in-8, cart.

89. Almanach des spectacles, par Pallianti. *Paris, Brière,* 1852-53, 2 v. in-8. rel. ent. v. f. n. r.

90. Courrier des spectacles. 5 v. petit in-4 incomplet.

2 vol. reliés.
3 — brochés.

91. Chroniqueur désœuvré (le), par Mayeur Saint-
Paul. *Londres,* 1782-83, 2 part. en 1 v. in-8,
demi-v. f. n. r.

92. Almanach littéraire pour 1792, ou Étrennes
d'Apollon. *Paris, veuve Duchesne,* 1792, in-12 rel.

93. Lanterne (la) magique, ou Chronique scanda-
leuse des spectacles de Paris. *Paris, march de
nouv.,* 1793, in-18 br.

94. Étrennes dramatiques, par un amateur. *Paris,
Garnier,* 1798, in-18 br.

95. Melpomène et Thalie vengées. *Parie, Lesage,*
1798, 3 v. in-18 cart.

Outre ce titre, chaque volume porte un titre particulier : 1º Vérités à l'ordre du jour ; 2º Mémoires hist. et crit. en forme de lettres sur les différents
théâtres de Paris ; 3º La revue des théâtres.

96. Nouvel (le) Espion des boulevards. *Paris,*
an VIII, in-18 fig. cart. col.

97. Opinion (l') du parterre. *Paris, Martinet, an* XI,
10 v. in-18, 1/2 v.

98. Gorges-Chaudes de Thalie (les), par Cailleau.
Athènes, chez Therpis, in-12 rel.

99. Nouvelle (la) Lorgnette des spectacles, par Fa-
bien Pillet. *Paris, d. s.* 1801, in-18 d. r. avec
figures.

100. Coup de fouet (le), ou Revue de tous les théâtres, par Dumersan. *Paris, Surosne,* 1802, in-18
br. fig.

101. Mémorial dramatique de 1807 à 1819. *Paris,
Hocquet,* 13 v. in-12 demi-v. n. r.

102. Étrennes du bon vieux temps pour 1819 (par Demonville). *Paris, Demonville*, 1818, in-18 br.

103. Mémoires et confessions d'un comédien, par Paccard. *Paris, Pougin*, 1839, in-8 br.

104. Curiosités théâtrales, par V. Fournel. *Paris, Delahays*, 1859, in-16 br.

105. Bibliothèque du Théâtre-Français depuis son origine (par le duc de la Vallière), 3 v. in-8 v.

106. Bibliothèque dramatique de M. Soleinne, avec table. *Paris*, 1843-1845, 7 parties en 5 vol. in-8, dem.-rel. v. f.

Exemplaire en papier vélin, avec autogr., prix d'adjudication au 1er vol. et table manuscrite des pièces par ordre alphab.

107. Pont-de-Vesle. Bibliothèque dramatique. *Paris*, 1848, in-8°.

b. Histoire des théâtres de Paris. — Répertoires des divers théâtres parisiens.

108. Spectacles de Paris. *Paris, Vve Duchesne*, de 1751 à 1815, in-24 (complet), 47 vol. dont 2 ont 2 parties. (Le 1er volume, 1751, porte le titre de Calendrier historique des théâtres de l'opéra et des comédies françoises et italiennes et des foires.) *Paris, Cailleau*, 1 vol. avec fig.

108 *bis*. Histoire et statistique des théâtres de Paris, par Natalis Rondot. *Paris, Guillaumin*, 1852, gr. in-8, br.

109. Histoire critique et littéraire des Théâtres de Paris, par Chaalons d'Augé. *Paris, Pellet*, 1823, in-8, br.

110. Histoire des petits théâtres de Paris, par Brazier. *Paris Allardin*, 1838, 2 v. in-18, rel. en 1 demi-m. bl., n. r.

111. Histoire du boulevard du Temple, par Th. Faucheux. *Paris, Dentu,* 1863, in-12 br.

112. Boulevevard du Temple, résurrection épistolaire, par Ch. Meurice, 1863, in-8 br.

113. Spectacles (les) populaires et les artistes des rues, par V. Fournel. *Paris, Dentu,* 1863, in-12, br., pap. fort.

114. Bouis-bouis, bastringues et caboulots de Paris. *Paris,* 1861, in-16 br.

115. Histoire du Théâtre-Français, par Étienne et Martainville. *Paris, Barba, an* x, 4 vol. in-12, fig.

116. Théâtre (ancien) français, publ. par Viollet-le-Duc. *Paris, Jannet,* 1854 et suiv., 10 v. in-16, cart.

117. Théâtre (le nouveau) français. *Utrecht, Neaulme,* 1735, 12 v. in-12, demi-v. reliés en 6.

118. Théâtre italien (Histoire du), par Riccoboni. *Paris, Chambert, s. d.,* in-8°, fig., v. vert, tr. dor.

119. Histoire de l'ancien Théâtre italien, par les ant. de l'hist. du Th. fr. *Paris, Lambert,* 1753, in-12, 1/2 v.

120. Théâtre (le) italien, ou recueil de toutes les scènes françaises. *Genève, Jacques Dentaud,* 1695, in-12.

Autre édition avec des différences, *Mons Barbier,* 1696.

121. Théâtre italien de Gherardi. *Paris, Cusson,* 1700, 6 v. in-12, fig., rel.

122. Nouveau Théâtre italien. *Paris, Édouard,* 1712, in-12, v.

Autre édition plus complète. *Anvers, Huyssons,* 1713, petit in-12.

123. Théâtre (nouveau) italien, comprenant les pièces imprimées et représentées par les soins de
   S. L. Riccoboni dit Lelio. *Paris, Briasson,* 1733,
   3 v. in-12, rel.

124. Théâtre (le nouveau) italien, ou recueil général,
   etc. *Paris, Briasson,* 1773 et suiv., 9 v. in-12,
   v.

125. Mémoires pour servir à l'histoire des spectacles
   de la foire, par un acteur forain (les frères Par-
   faict). *Paris, Briasson,* 1743, 2 v. in-12, rel.
   en 1 v.

126. Théâtre de la Foire, par Lesage et d'Orneval.
   Paris, Gandouin, 1737, 10 v. in-12, fig., v.

127. Pièces à un personnage, 1775 à 1873, 2 v.
   in-8, brochés.
   Recueil factice.

128. Pièces par écriteaux, 1678-1740, in-12, d.-rel.
   Recueil factice.

129. Théâtre burlesque, 1753-1826, in-8, br.
   Recueil factice.

130. Répertoire du théâtre de Servandoni, 1754-
   1763, in-8 br.
   Recueil factice.

131. Théâtre des Boulevards. *Mahon,* 1756, 3 v.
   petit in-8, v. marbr., n. r.
   Exemplaire non rogné.
   Un double exemplaire, 3 vol. veau.

132. Nouveau Théâtre des boulevards. *Paris, Niger,*
   s. d. 4 part. en 1 v. in-18, m. r. n. r.

133. Théâtre satirique et bouffon (par Cailleau). *A*
   Criticomanie, chez la Vérité, 1769, in-12, v.

134. Répertoire du théâtre des Variétés amusantes,

1778-1791, 12 v. in-8, *avec de nombreuses pièces inédites*.

Recueil factice, les pièces sont classées par ordre alphabétique de titres. Les pièces inédites sont copiées à la main.

135. Pièces sur Figaro, 1785-1835, 2 v. in-8 br.

Recueil factice.

136. Almanach du Palais-Royal pour 1786. *Paris, Royer, s. d.,* in-24, br.

137. Répertoire du théâtre du Marais, 1790-1806, 2 v. in-8 br.

Recueil factice.

138. Répertoire du théâtre Molière, 1791, an XIII, 10 v. in-8, brochés.

Recueil factice.

139. Répertoire du théâtre des Variétés amusantes de Lazari, 1793-1812, in-8 br.

Recueil factice.

140. Almanach du théâtre des jeunes élèves de la rue Thionville pour l'an IX. *Paris, Hugelet,* an IX, 1 vol. in-18, fig., demi-m. br., n. r.

141. Réunion de pièces anciennes et modernes sur Mme Angot, 1794 à 1875, in-8 br.

Recueil factice.

142. Répertoire du théâtre Sans Prétention, 1798-1805, in-8, br.

143. Répertoire du Théâtre national, 1792-1793, in-8° br.

144. Théâtre de Séraphin, *Paris, veuve Demorat,* 1807, 2 v. in-18, fig., rel. en 1/2. f., n. r.

145. Théâtre sur Napoléon, in-8 br.

Recueil factice,

146. Théâtre politique Napoléon, 1815-1834, 1 v.
in-8 br.

Recueil factice.

147. Répertoire du théâtre du Panorama dramatique, 1821-1823, 2 v. in-8, 1/2 v., f., n. r.

148. Répertoire du Mélodrame. *Paris, veuve Dubo,*
1825, 20 v. in-16, 1/2 v. f., n. r.

149. (Petit) Théâtre des ombres chinoises. *Paris,*
Giroux, 1825, in-8 br.

150. Théâtre politique de 1830, in-8 broché.

Recueil factice.

151. Répertoire du théâtre du Beaujolois avec de
nombreuses pièces inédites, 80 pièces dont 58
inédites. 3 vol. in-8 br.

Recueil factice. Les pièces inédites sont de la main de M. Ch. B.

152. Répertoire du théâtre de la Renaissance, *s. l.*
n. d. 2 v. gr. in-8 br.

Recueil factice.

153. Théâtre de Polichinelle, Gringalet et Bambo-
chinet. *Paris, Renault,* 1854, in-18 br.

154. Théâtre en l'air, par Alb. Le Roy. *Paris, Ta-*
ride, 1855, in-12 br.

155. Théâtre de Polichinelle, par Fernand Des-
noyers. *Paris, Poulet-Malassis,* 1861, in-8 br.

156. Histoire des Délassements-Comiques. *Paris,*
Vallée, 1862, in-18 br.

157. Théâtre du seigneur Croquignole, par Ed.
Ourliac. *Paris, Lévy,* 1866, in-12 br.

c. Auteurs dramatiques anciens et modernes.

158. Plaute (théâtre de), trad. par Naudet. *Paris,*
Lefèvre, 1845, 4 v. in-16, demi-mar. marron.

159. Térence (les six comédies de). *Paris, Et. Doant,* 1572, petit in-12, 172 m. r. tr. dor.

160. Térence (comédies de), trad. de Mme Dacier. *Amsterd. et Leipsik, Arkstée et Merkus,* 1747, 3 v. in-12, fig. rel.

161. Choix de farces, soties et moralités des xve et xvie siècles, publ. par Émile Mabille. *Nice, Gay et fils,* 1873, 2 v. petit in-12 br.

162. Miracle de N.-D. de Robert le Diable. *Rouen, Frère,* 1836, in-8 br.

163. Grand Mystère de Jésus (le), publ. par de la Villemarqué. *Paris, Didier,* 1865, in-8 br.

164. Larivey (les Comédies facétieuses). *Lyon,* 1597, 2 v. in-16 demi-mar. r.

Le deuxième volume est d'une réimpression moderne.

165. Les Comédies de Pierre Larivey. *Paris, Jannet,* 1855, 2 tomes en 1 vol. in-12 br.

166. Martyre (le) de la glorieuse sainte Reine d'Alyse, trag. par Cl. Ternet. *Troye, Garnier,* s. d. in-8, d. rel.

167. Tragédies de Robert Garnier. *Lyon, Pillehotte,* 1597, in-12, v. rac.

168. Théâtre de R. Garnier, par Laborderie. *Paris, Aubry,* 1865, in-8 br.

169. Théâtre d'Alexandre Hardy. *Paris, Jacq. Quesnel,* 6 v. in-12, dem. rel. mar. rouge, tr. dor.

Très-rare.

170. Ramoneurs (les), in-8 rel. com.

Manuscrit n'ayant pas été imprimé.
Voy. Hist. du Th. Fr., t. IV, p. 335.
Elle fut représentée sur le théâtre de l'hôtel de Bourgogne vers 1620.

C. B.

2

171. Les Tragédies d'Ant. de Montchrestien. *Rouen, Martin Delamotte,* 1627, in-12 rel.

172. Richecourt, tragédies et comédies. *St-Nicolas du Port,* 1628, in-12.

Réimpression.

173. Belle Esclave (la), tr.-com. de M. de l'Estoille. *Paris, de l'imprimerie des nouv. caractères,* 1643, in-4.

174. Desniaisé, comédie (par Gillet de la Tessonnerie). *Paris, Toussaint Cumit,* 1648, petit in-12.

Réimpress. de Gay, 1873, br.

175. Mayret, théâtre, 4 pièces extraites de divers volumes, 1648-1681, in-12 v.

176. Tristan, théâtre, 4 pièces in-4 rel. et r.

1. Le Parasite, 1654.
2. La Mort de Crispe, 1645.
3. La Folie du sage, 1645.
4. La Marianne, 1637.

177. P. Corneille, OEuvres. *Paris, G. de Luynes,* 1692, 5 v. petit in-8, 1/2 m. r. tr. dor. — Thomas Corneille, poëmes dramatiques. *Paris,* 1692, 5 vol. pet. in-8 d. rel. mar. r. tr. dor.

178. Mlle Desjardins, théâtre (en pièces originales), 1662, 1 v. in-12 1/2 v.

Pièces remmargées.

179. Escole des jaloux (l'), c. par Montfleury. *Paris, Pepusque,* 1668, in-12, 1/2 v. f.

180. La Jeunesse de Molière, et le ballet des Incompatibles, par P. L. Jacob. *Paris, Delahays,* 1859, in-18 br.

181. Molière, le Tartuffe, par ordre de Louis XIV, publ. par L. Lacour. *Paris, Claudin,* 1877, petit in-12 broché.

182. Molière et la comédie italienne, par L. Moland. *Paris, Didier,* 1867, in-12 fig. broché.

183. Les Intrigues de Molière et celles de sa femme, ou la Fameuse Comédienne, histoire de la Guérin, avec préface et notes de Livet. *Paris, Liseux,* 1876, in-16 br.

184. Collection moliéresque. *Genève et Turin, Gay,* 21 vol. in-12 br.

185. Histoire de la vie et des œuvres de Molière, par Taschereau. *Paris, Hetzel,* 1844. in-12 br.

186. Bibliographie moliéresque, par le bibliophile Jacob. *Turin, Gay,* 1872, in-12 br.

187. Elomire Hypocondre (c. par Le Boulanger de Chalussay). *Paris, de Sercy,* 1670, in-12, fig. v. f. tr. dor.

188. Contemporains de Molière (les). *Paris, Didot,* 1863, 3 v. in-8 br.

189. Triomphe (le) de l'amour divin de Ste Reine, vierge et martyre, par Alex. Le Grand, s^r d'Argicourt. *Paris, Ch. Gorrent,* 1671, petit in-12 demi-mar. tr. dor.

Pièce rarissime.

190. OEuvres de M. Poisson. *La Haye, Abrah. Trijel,* 1680, in-12 v. viol. tr. dor.

191. OEuvres de théâtre de la Chapelle. *Paris,* 1683, in-12, d. v. f. pièces originales réunies sous un titre collectif.

192. Martyre (le) de Saint-Gervais, poëme dramatique, par F. de Cheffault. *Paris, Raffle,* 1685, petit in-12, broché, non rogné.

193. Théâtre de Pradon, *S. l. n. d.*, petit in-8 v. f.
tr. dor.

R éunion de pièces détachées sous un titre collectif.

194. Passion de J.-C. (la), trag. 3 a. et en vaud. (par
Seurin). *Jérusalem, imp. des Israélites...* in-18,
fig. v. f. n. r.

195. Martire (le) de Ste Reine, trag. par M. B***.
Brusselle, Josse de Grieck, 1709, in-12 fig. demi-v.
f. (*Marlière*).

196. OEuvres de Palaprat. *Paris, P. Ribou*, 1721,
2 v. in-12 rel.

197. Théâtre de Lagrange-Chancel. *Paris, P. Ribou*, 1718, in-12 rel.

198. Cartouche, ou les Voleurs, c. par Legrand. *La
Haye, Merville*, 1731, in-12 cart.

199. Parodies du nouv. théâtre italien. *Paris,
Briasson*, 1738, 4 v. in-12 v.

200. Piron, théâtre. *Paris, Prault*, 1741, in-8 rel.

Recueil des éditions originales sous un titre collectif.

201. Marivaux (OEuvres). *Paris, Duchesne*, 1758,
7 vol. in-12, v.

202. Crébillon, OEuvres. *Paris, imp. de F. Didot,
l'aîné*, 1812, 3 vol. in-8, fig., *papier vélin*, et avec
les fig. de Moreau.

203. Théâtre de la Haye. *La Haye, P. Gosse junior*,
1751, 5 vol. petit in-8, v. f.

204. Boindin, œuvres. *Paris, Prault*, 1753, 2 vol.
in-12, rel.

205. Collé, Théâtre. *Paris*, 1753-1754, 4 vol. in-8
broché.

Recueil factice. Dans la Partie de chasse de Henri IV se trouvent les fig.
de Gravelot.

206. OEuvres de théâtre de M.*** (Voisenon), 1753,
in-12, portr., v. marbr.

207. Les Fourberies de Cartouche, c. de Legrand.
Paris, 1754, in-12, v.

208. Tremblement (le) de terre de Lisbonne, par
Maître André. *Lisbonne, de l'imp. du public*, 1755,
in-8, demi-bas. n. r.

209. Théâtre de Taconet, 1757-1771, 2 vol. in-8,
brochés.

Recueil factice avec plusieurs pièces inédites.

210. Taconet, ou mémoires historiques pour servir
à la vie de cet homme célèbre. *Amsterdam*, 1775,
1 vol. in-12, demi-rel.

211. Taconet. Mémoire d'un frivolite. *S. l.*, 1762,
in-12 br.

212. OEuvres de Vadé. *La Haye, P. Gosse*, 1757,
4 vol. petit-in-8, v.

213. Enlèvement (l') de la châsse de Saint-Florent,
patron de la ville de Roye, tragédie, *s. d.*, in-12,
demi-v. f. n. r.

Extrait du Conservateur ou collection de morceaux rares, etc. Déc. 1757.

214. Parades, 1758-1837, 2 vol. in-8 br.

Recueil factice.

215. Théâtre complet de Belloy (en pièces originales),
1760-70, in-8 rel.

Figures de Borel ajoutées.

216. OEuvres théâtrales, composées de pièces de différents bons auteurs. *Amsterdam*, 1761, 6 vol. petit in-8, v.

217. Théâtre de Pannard. *Paris, Duchesne*, 1763, 4 vol. in-12, br.

218. OEuvres de théâtre de Saint-Foix. *La Haye, Hoffmann et Strastmen*, 1763, 2 vol. petit in-12, demi-v.

219. Théâtre de M. de La Noue. *Paris, Duchesne*, 1765, in-12, port.. 2 t. en 1 vol., v.

220. Théâtre de Moline, 1765 à 1809, 3 vol. in-8 (*avec plusieurs pièces inédites*).

221. Valigny (Théâtre de P. de), 1768-86, in-8 br.

Recueil factice avec titre ajouté.

222. Bailly (Th. et œuv. mêlées de). *Paris, Nyon*, 1768, 2 vol. in-8, bas.

223. De Moissy. La Petite Thalie, 1 vol. École dramatique, 2 vol., 1769-1770, 3 vol. in-8, rel. v.

224. Legrand. OEuvres. *Paris, imp. des libr. associés*, 1770, 4 vol. in-12, v. (On a ajouté la pièce du *Luxurieux* à la fin du 4e vol.)

225. Vercingétorix, trag. *S. l. (Paris)*, 1770, in-8, front. grav. demi-v. f.

226. Roué vertueux (le), poème en prose en 4 ch. *Lauzanne*, 1770, in-8, figures, demi-m. r. n. r.

Pièce singulière, composée d'exclamations, de points et de virgules.

227. Théâtre de J. Patrat, 1771 à 1803, 3 vol. in-8 brochés.

Recueil factice avec titres généraux ajoutés.

228. Théâtre du comte de Mont-Revel, 1772, in-8, demi-v. f.

Recueil factice.

229. OEuvres de théâtre de Saurin. *Paris, veuve Duchesne,* 1772, in-8, v. f. tr. dor.

230. Dorvigny. Théâtre, avec de nombreuses pièces inédites, 1774-1799, 4 vol. in-8 brochés.

Recueil factice avec titres ajoutés.

231. Théâtre de Fardeau, 1774, an II, in-8, demi-v. f. n. r.

Recueil factice.

232. Théâtre de Roquil-Lieutaud, 1776-1786, in-8, broché.

Recueil factice.

233. Théâtre de J. Aude, 1777-1797, 3 vol. in-8 br.

Recueil factice avec titre ajouté.

234. Théâtre de Collot d'Herbois, 1777 à 1792, 2 vol. in-8 brochés.

Recueil factice avec titres ajoutés.

235. Vuidangeur sensible (le), dr. 3 actes, par Nougaret. *Paris, Bastien,* 1777, in-8 cart.

236. Théâtre de Dumaniant avec pièce inédite, sa biographie par lui-même et sa correspondance avec la Comédie française, 1778 à 1818, 4 vol. in-8 brochés.

Recueil factice.

237. Théâtre complet de Mercier. *Amsterdam,* 1778-1784, 8 vol. in-8. br. *figures de Fritzschius.*

Recueil factice avec titres imprimés pour les tomes v à viii, composé d'éditions originales du théâtre de Mercier, publié depuis 1784 jusqu'en 1809. Les premiers volumes sont en papier de Hollande.

238. Théâtre de Guillemain (avec nombreuses pièces inédites et notice sur Guillemain), 1779-1797, 2 vol. in-8 brochés.

Recueil factice.

239. Théâtre Delon, 1780-1786, in-8.

Recueil factice avec titre ajouté.

240. Théâtre de Lachabaussière, 1780-1817, 2 vol. in-8 brochés.

Recueil factice.

241. Théâtre de P.-L. Lamontagne, 1780-1796, 1 vol. in-18, demi-v. f. n. r.

Recueil factice. Éditions originales.

242. Théâtre de Mayeur, 1781-1811, in-8 broché.

Recueil factice avec titre imprimé.

243. Théâtre de Fonpré de Fracansalle, 1782-1783, in-8 broché.

Recueil factice avec 6 pièces inédites dont : Catherine Théos, et le Déménagement de l'armée catholique.

244. Théâtre de Laignelot, 1782 à 1790, 1 vol. in-4, demi-rel. v. f. avec manuscrit et div. pièces autographes.

245. Théâtre de Buffardin. *Paris*, 1784, an IV, 1 vol. in-8, demi-v. f. n. r.

Recueil factice. Titre imprimé, ajouté.

246. Étrennes de Thalie aux amateurs de spectacle. *Bruxelles et Paris*, 1786, petit in-12, rel.

247. Théâtre de Mme Olympe de Gouges (en pièces originales), 1786-88, 2 vol. in-8, demi-v. f. n. r.

Recueil factice.

248. Recueil général des proverbes dramatiques.

Londres et Paris, 1786, in-12, 16 tomes in-8, rel. demi-v.

249. Ronsin. Théâtre complet, in-8, demi-v. f. n. r.

Recueil factice.

250. Somnambule (le) (par Mad. de Beauharnais). *Paris, Didot*, 1786, in-8, broché.

Très rare. Ce volume renferme *les Illuminés*, comédie.

251. Théâtre de Fabre d'Églantine, 1787, an VIII, (avec des pièces inédites), 2 v. in-8 br.

Recueil factice, avec titres ajoutés.

252. Théâtre d'un amateur. *Paris, veuve Duchesne*, 1787, 2 v. in-16 br.

253. Théâtre de Loaisel-Tréogate, 1878 à 1811, in-8, 1/2 v. f., n. r.

Recueil factice, avec titre général ajouté.

254. Charles II, roi d'Angleterre, en certain lieu, c. 5 (par Mercier). *Venise*, 1789, in-8, 1/2 m. r., n. r.

255. Beffroy de Reigny. Théâtre complet, avec pièces inédites, 2 v. in-8, demi-v. f., n. r.

256. Des Forges (Théâtre), 2 v., in-8, 1/2 v. f., n. r.

Recueil factice. Il contient une pièce rarissime : *les Dangers de la séduction*, dont on ne connaît que cet exemplaire, et une pièce inédite.

257. Théâtre de la Révolution, 1768-1849, 24 vol. in-8 br.

Recueil factice comprenant environ 500 pièces, la plupart en éditions originales. On y a joint la copie de plusieurs pièces inédites.

258. Collin-Harleville, théâtre, en pièces originales, 3 v. in-8, demi-v. f., n. r.

Recueil factice, avec titre général ajouté.

259. Théâtre de Laya, 1790 à 1794, in-8, demi-v. f., n. r.

Recueil factice.

260. Théâtre complet de Picard, en pièces originales *et une pièce inédite*, 1791 à 1829, 8 vol. in-8, portr. & autogr., demi-rel., v. f.

Recueil factice, avec titres ajoutés.

261. Théâtre sur Jésus-Christ, 1792-1850, in-8 br.

Recueil factice.

262. Théâtre de Gassier St-Amand, 1793-an IX, 1 v. in-8, 1/2 v. f., n. r.

Recueil factice.

263. Théâtre de F.-P.-A. Léger, an II, 1821, 3 v. in-8, 1/2 v. f., n. r.

Recueil factice.

264. Théâtre de Sylvain Maréchal, an II, 1 v. in-8, 1/2 v., f., n. r.

Recueil factice, avec titre ajouté.

265. Le Bon Ménage républicain, ou les époux bien assortis, petite pièce hist.-patr.-républ.-maniaque, à l'usage des tyrannicides, à Manuelopolis, 1793, in-16, d.-rel.

266. Théâtre complet de Ducancel, avec une pièce inédite, an III, in-8, 1/2 v. f., n. r.

Recueil factice.

267. Théâtre d'Étienne Gosse et proverbes dramatiques, an III, 1820, 2 v. in-8, 1/2 v. f., n. r.

Recueil factice.

268. Théâtre de Luce de Lancival (en pièces originales), an III, 1809, 1 v. in-8, 1/2 v. f., n. r.

Recueil factice.

269. Cuvelier, théâtre, 1795-1825, 8 v. in-8 br.
Recueil factice, avec titres ajoutés.

270. Théâtre complet de Martainville (avec une pièce inédite), 1795-1815, 2 v. in-8, demi-v. f., n. r.
Recueil factice. Titre ajouté autographe.

271. Théâtre de Lemercier, *an V*, 1819, 6 vol. in-8, 1/2 v. f., n. r.
Recueil factice.

272. Théâtre Lebrun-Tossa, 1796-1805, in-8, br.

273. Théâtre de Ravrio, 1797-1807, in-8, d.-rel., v. f., n. r.
Recueil factice, avec titre.

274. Désaugiers (théâtre), an VII, 1827, 7 v. in-8, 1/2 v. f., n. r., avec plusieurs pièces inédites.
Recueil factice, avec titres imprimés ajoutés.

275. Théâtre de G. Duval, an VII, 1830, 3 vol. in-8 br.
Recueil factice.

276. Théâtre d'Étienne (en pièces originales), *an VII*, 1821, 3 v. in-8, demi-v. f., n. r.
Recueil factice.

277. Théâtre de Gardy, an VII, 1806, in-8, demi-v. f., n. r.
Recueil factice.

278. Léandre et Isabelle, ou le Presque-Abeilard, comédie-parade. *Paris, an VII,* in-18 broché.

279. Théâtre de Guilbert de Pixerécourt, an VII à 1838, 6 v. in-8, 1/2 v. f., n. r.
Recueil factice, avec titres ajoutés.

280. Théâtre de Prévost, 1798-1803, in-8, demi-v.
f., n. r.

Recueil factice, avec titre général ajouté. Pièce inédite manuscrite. Prévost fut directeur du *Théâtre sans prétention.*

281. Théâtre de Caigner. *Paris, an VIII, 1802,*
3 v. in-8, 1/2 v. f., n. r.

Recueil factice. Titres ajoutés.

282. Théâtre de Ferrand, *an IX-1805,* 1 v. in-8
br.

283. Henri VIII, tr. par Chénier. *Paris, Didot,*
an IX, in-18, gr. pap. vél., cart.

284. Théâtre complet de Marty, 1800-1806, in-8,
1/2 v. f., n. r.

Titre ajouté.

285. Pièces sur Jocrisse, 1803-1862, 2 v. in-8
brochés.

Becueil factice.

286. Théâtre Demoustier. *Paris, Renouard,* 1804,
in-8, 1/2 v. f., n. r.

On a ajouté quelques pièces à la fin du volume.

287. Théâtre de Brazier, 1814-1838, 8 v. in-8 br.

Recueil factice, avec titres ajoutés.

288. Théâtre de Bosquier-Gavaudan. *Paris,* 1804-
1810, 1 v. in-8, demi-v. f., n. r.

Recueil factice, avec titre général ajouté.

289. Parades des boulevards. *Paris, Delaunay,*
1810, in-12, demi-v. f., n. r.

290. Théâtre complet de Victor Ducange (en pièces
originales), 1816-1835, 4 v. v., n. r.

Recueil factice. Titres ajoutés.

291. Théâtre complet d'Étienne Jouy. *Paris, Didot,* 1823-1841, 5 vol. in-8, demi-v. f., n. r.

Le cinquième volume est composé de pièces inédites et manuscrites et de pièces non réimprimées, datant de l'an VI à 1841.

292. Roederer, comédies, proverbes, parades. *S. l.,* 1824-26, 3 v. in-8, 1/2 v. f.

Cet ouvrage, imprimé pour l'auteur à petit nombre, n'a pas été mis dans le commerce.

293. Théâtre de Samson, 1825 à 1855, 1 v. gr. in-8 br.

Recueil factice, avec titre et autographe.

294. Roederer. — Comédies historiques. *Paris,* 1827, in-8 br.

295. Grotesques (les), fragments de la vie nomade. *Paris,* 1828, in-18 cart.

296. Théâtre de Gaillardet, 1832-33, in-8, demi-v. f., n. r.

Recueil factice, avec titre général ajouté.

297. Le Centenaire, roman historique et dramatique, par Jouy, *Paris,* 1833, 2 vol. in-8, v. f.

298. Théâtre complet de Dumolard, 1834, 1 v. in-8, demi-v. f., n. r.

On a ajouté au volume des pièces non réimprimées datées de 1804 à 1829.

299. Théâtre en miniature. *Metz, Terquem et May,* 1834, 3 vol. in-32, br.

Don Carlos.
Preciosa.
Les Provinciaux.

300. Bobèche (les grandes parades de), écrites par lui-même. *Paris, l'éditeur,* 1835, in-12, demi-v. f., n. r.

301. Recueil de six pièces sur Robert Macaire. 1837, gr. in-8, demi-v. f. n. r.

302. Monnier (Henri), Comédies bourgeoises : —
Les petites Gens. — Les Bourgeois aux champs. —
Croquis. — Galeries d'originaux. *Paris, Lévy et
Hetzel*, 1837 à 1858, 5 vol. in-18, br.

303. Proverbes-Charades. *Paris, Barba*, 1838, in-8
broché.

304. Théâtre burlesque. *Paris, Langlois*, 1840,
2 v. in-18 reliés en 1 1/2 v.f. n. r.

305. De la Ville de Mirmont, OEuvres dramatiques.
Paris, Amyot, 1846, 4 v. in-8 br.

306. Comédies sociales, par Eug. Sue. *Paris, Paulin*, 1846, in-16 br.

307. Ponsard, Théâtre complet. *Paris, Michel Lévy*,
1852 et suiv. 2 v. in-12 br.

Le 2e volume est composé de pièces détachées réunies en volumes (1852
à 1860).

308. Bernos, Théâtre. *Lille, imp. de Lefèvre-Ducrocq*,
1855, 2 v. in-8, portr. demi-v. vert.

Tiré à petit nombre pour ses amis et non mis dans le commerce.

309. Théâtre de Camille Doucet. *Paris, Michel
Lévy*, 1858, 2 v. gr. in-8 brochés.

310. Comberousse (Alexis de), Théâtre. *Paris, Hachette*, 1864, 3 v. gr. in-8 br.

311. Blessebois, Théâtre. *Paris*, 1864, in-12, d.-rel.
mar. n. r.

Un des 15 sur pap. Hollande.

312. Mes Broutilles, par Carmouche. *Paris, libr.
du Petit Journal*, 1866, pap. vélin fort. br.

313. Théâtre (le) sans parterre. *Paris, Didot, s. d.*,
in-8 br.

314. Séraphin de l'enfance, Séraphin des enfants. *Metz et Épinal, s. d.,* 4 part. en 1 v. in-12 br.

315. Théâtre, drames et comédies modernes. Environ 10 pièces en 2 vol. in-12 brochés.

316. Théâtre, comédies en prose, comédies en vers, pièces burlesques. 3 v. petit in-12, 1/2 v. f.

Recueil factice.

317. Collection d'environ 700 pièces de théâtre brochées ou déreliées.

Recueil important classé de A à Z par ordre alphabétique de pièces.

d. Théâtre en province. — Opéra. — Théâtre étranger.

318. Nouveau Choix de pièces, ou Théâtre comique de province. *Amsterd. et Paris, Cuissard,* 1756, 3 v. petit in-8, demi-v. f. n. r.

319. Théâtre. — Pièces jouées dans des châteaux, 1765-70, in-8 br.

2 pièces, recueil factice.

320. Théâtre de campagne. *Nugopolis et Paris, veuve Duchesne,* 1767, in-8 v.

321. Fête donnée à Mme la comtesse d'Artois à Montargis. *Paris, Brunet,* 1773, in-8, demi-v. f.

322. Après-Soupers de la société. *A Sybaris et à Paris, Didot,* 1783, 23 part. in-18 br. en 6 vol.

323. Théâtre (le) en province, par Carmouche. *Paris, Lévy,* 1859, in-12, pap. vél. fort br.

324. Ballets, opéras et autres ouvrages lyriques, etc. *Paris, Bauche,* 1760, in-12, demi-v.

325. Ballets et mascarades de cour. *Genève, Gay,* 1868, 6 vol. in-12 br.

326. Moines (les), coméd. en musique. *A Berg-op-Zom, Strelitz*, 1709, in-12 br.

327. Mémoires, anecdotes des aventures galantes de M. Duliz, devenues tragiques après la catastrophe de celle de Mlle Pelissier, actrice de l'Opéra de Paris, avec le Triomphe de l'Intérêt, comédie. *Lisbonne, de l'imp. de la Juiverie*, 1752, in-12, frontisp. gravé, v.

328. État actuel de la musique du Roi. 1767 à 1774 et 1777, 9 v. in-12, rel. et br.

329. Calendrier musical universel, pour l'année 1789. *Paris*, in-12 br.

330. Dictionnaire lyrique, par Félix Clément et Larousse. *Paris*, s. d. gr. in-8, br. avec supplément.

331. Notes pour servir à l'hist. du théâtre et de la musique en France, par Alexis Dureau. *Paris, Claudin et Joubert*, 1861, in-12 broché.

332. Theate ligeoi. *A Lige, Lemarie*, s. d. in-32 rel.

333. Théâtre liégeois. *Liège, typ. de Carmaune*, 1854, in-12, fig., exempl. sur pap. vél. fort.

334. Annuaire dramatique (belge). *Bruxelles*, 1839 à 47, 9 v. in-18 br.

335. Shéridan (OEuv. compl.), de trad. de B. Laroche. *Paris, Gosselin*, 1841, in-12, demi-v. f. n. r.

IV. ROMANS.

336. Pastorales (les) de Longus, trad. complète (par Courier). *Paris, Didot*, 1813, in-8 br. pap. vélin.

Avec les six gravures de Prud'hon.

337. Luciade (la), ou l'Ane de Lucius de Patras. *Paris, Bobée,* 1818, in-12, pap. vél. fig. et 2 fig. supplém. br.

338. Conquêtes du gr. Charlemagne. *Troyes, Garnier, s. d.* in-8, 1/2 m. r.

339. Ci comence le Livere cumment *Charels de Fraunce* voiet in Jerhusalem et pur parols sa feme à Constantinoble pur vere roy Hugon.

Copie manuscrite sans date.

340. Amadis de Gaule. 1557-1615, les 21 premiers volumes in-16, 22 à 24 in-8.

Manque le vol. 7.

Détail :

1er livre. Paris, Jean Longis, 1557 (traduction de Nicolas de Herberay).
2e et 3e livres. Paris, Jean Longis, 1557 (trad. de Nicolas de Herberay).
Ces 3 parties reliées en 2 volumes, reliures du xvie siècle.
4e livre (*Ex libris aut. Domini de Sade*). Lyon, Benoist Rigaud, 1588, broché.
5e livre (trad. de Herberay). Paris, Groulleau, 1557.
6e livre. *Idem.*
Les 2 part. reliées en 1 vol. Reliure du 16e s. vélin.
8e livre (trad. de Herberay). Lyon, Rigaud, 1575.
9e *Idem.*
10e Lyon, Didier, 1577.
11e Lyon, Rigaud, 1576.
12e *Id.* trad. Aubert de Poitiers.
13e (Trad. I. G. P) Lyon, Didier, 1577.
14e Lyon, Rigaud, (trad. I. G. P.), 1577.
15e (trad. Chappuy). Lyon, Rigaud, 1577.
16e (Trad. Chappuy). Lyon, Didier, 1578.
17e (Trad. Chappuy). Lyon, Michel, 1578, rel. v. br.
18e Incomplet des pages 1 à 18.
19e (Trad. Chappuy) Lyon, Béraud, 1512.
20e (Trad. Chappuy) Lyon, Cloquemin, 1581.
21e (Trad. Chappuy). Lyon, Cloquemin, 1581.
22e (Trad. ?). Paris, Rigaud, 1615.
23e (Trad. ?). Paris, Robinot, 1615.
24e (Trad. ?). *Idem.*

Amadis de Gaule, le 14e livre, trad. Tyron. Anvers, 1574.
Amadis de Gaule, le 20e livre, trad. Boyron. Lyon, Tardif, 1582.
Amadis de Gaule, le 19e livre, trad. Charlot, Lyon, Cloquemin, 1581.

341. Thrésor de tous les *Amadis de Gaule,* dernière

édition. *Lyon, Rigaud,* 1605, in-16 vélin bl. fil. petits fers.

Ex libris gravé de M. von der Mulhen.

342. Le Thrésor des livres d'*Amadis de Gaule, Paris, le Mangnier,* 1567.

Ex. réglé, veau f. filets.

343. MELUSINE (par Jehan D'Arras). *Genève,* 1478, in-fol. goth. fig.

Exemplaire contenant environ 100 feuillets de l'édition originale, le reste est copié à la main.

344. LA TRES ELEGANTE, délicieuse, mellifue et très plaisante HISTOIRE DU TRES NOBLE, victorieux et excellentissime ROY PERCEFOREST, Roy de la Grande Bretaigne, fondateur du franc palais et du temple du souverain Dieu. *Paris, François Regnault,* 1531-1532, 6 vol. in-fol. goth. mar. r. tr. dor.

Quelques feuillets plus courts. Le tome VI est remmargé. Très rare.

345. Rabelais, œuvres, publ. par Jannet. *Paris, Picard,* 1867-68, 5 v. in-16 pap. vél. br.

346. Rabelais (œuv. de), publ. par Marty-Laveaux. *Paris, Lemerre,* 1870, 3 vol. in-8 br.

Exempl. avec les eaux-fortes de Bracquemond et un fac-simile autographique de Rabelais.

347. Roman (le) comique, par Scarron. *Paris, G. de Luynes,* 1675-1681, 3 part. in-12, demi-m. r. tr. dor.

348. Restif de la Bretonne. Les Contemporaines, ou Aventures des plus jolies femmes de l'âge présent. *Paris, Lemerre,* 1875, in-12 cartonné.

349. Sermons facétieux et plaisants. *Paris, Delarue,* s. d., in-18 br.

350. Renard (le), ou le Procès des bêtes. *Amsterdam, Brunel,* 1743, in-12, demi-v. f. n. r.

351. Guilleri (histoire de la vie, grandes voleries et subtilités de). *Troyes, Garnier, s. d.,* in-16, demi-reliure.

352. Bobèche (les Aventures plaisantes de M.). *Paris, Ledentu,* 1813, in-18, fig., br.

353. Balzac (œuvres), 45 vol. in-12. (OEuvres de jeunesse), 10 vol. in-12. (Revue Parisienne), 1 vol. in-12 br. *Paris, Librairie nouvelle,* 1857-1860, 56 vol. in-12 br.

354. Madame Putiphar, par Pétrus Borel, 2ᵉ éd., avec préface par Jules Claretie. *Paris, Willem,* 1877, in-8 br.

Exempl. sur grand papier de Hollande.

355. Don Quichotte de la Manche, trad. de Bouchon-Dubournial. *Paris, Méquignon-Marvis,* 1821, 4 vol. in-8 brochés, papier vél. lavé et encollé.

Ex. d'amateur, dans lequel sont intercalées 224 gravures prises dans toutes les éditions connues de don Quichotte. Le tome IV renferme de plus une carte itinéraire.

356. Don Quichotte de Fernandez Avellaneda, trad. de Germond de la Vigne. *Paris, Didier,* 1853, in-8 br.

357. Lazarille de Tormes (Vie et aventures de). *Bruxelles, G. de Backer,* 1744, in-12, fig. de Harrewyn, 2 part., an IV, m. r. tr. dor. Armes de France.

358. Walter Scott (œuvres de), trad. de Defauconpret. *Paris, Furne,* 1829-1831, 32 vol. in-8 br., figures ajoutées.

Walter Scott, notice sur sa vie et ses ouvrages, par Allan Cunningham. *Paris, Furne,* 1833, 1 vol. in-8 broché.

V. ANAS. — FACÉTIES. — RECUEILS.

359. Recueil d'Anas, 20 vol. in-12 et in-18, rel. ou brochés.

Chevræana, Maliciana, Poteriana, Proverbiana, Revolutionana, Sevigniana, Paysaniana, Bievriana, Anglaisiana, Bobechiana, Cricriana, Grivoisiana, Mediciana, Brunetiana, etc.

360. Ménagiana. *Amsterdam, Van Harrevelt,* 1762, 4 vol. petit in-12, demi-m. r. tr. dor.

Édition non cartonnée.

361. Réveil (le) d'Apollon, ou galerie littéraire. *Paris, Mayeur, an IV,* 2 part. en 1 vol. in-12, demi-rel.

362. Almanach littéraire, ou les étrennes d'Apollon pour 1792. *Paris, veuve Duchesne,* 1792, in-12, demi-v. bleu.

363. Almanach des bizarreries humaines, par Bailleul. *Paris, Bailleul,* 1796, in-18 br.

364. Almanach de la vieillesse. *Paris, Lottin,* 1761-173, 12 vol. in-12, v. m. fil. tr. dor.

Les tomes II, III, IV, VI, IX, X et XI portent le titre d'*Almanach des Centenaires.*
Le tome 7 dérelié.
Collection très-rare.

365. Recueil de pièces rares et facétieuses, anciennes et modernes. *Paris, Barraud,* 1872-1873, 3 vol. in-8.

Un des deux exemplaires sur peau de vélin.

366. Le Moyen de parvenir, par Beroalde de Verville. *S. l.,* 1773, in-12, rel. v. t. frontispice gravé.

367. Les Facécies de Pogge, Florentin, trad. française de Guillaume Tardif, publ. par A. de Montaiglon. *Paris, Willem,* 1878, in-8 br.

368. Gringore, œuvres complètes. *Paris, Jannet,* 1858, 2 vol in-16.

Le tome I, broché. Le tome II, cartonné.

369. Gringalet (les Débats et facétieuses rencontres de) et de Guillot Gorju, son maître. *Rouen, Jean Oursel, s. d.,* in-16, demi-rel.

370. Noël Dufail, œuvres facétieuses. *Paris, Daffis,* 1874 (Bibl. elz.), in-16, cart.

371. Grande (la) Confrairie des saouls d'ouvrer. *Rouen, Jean Oursel, s. d.* in-12 br.

372. Mayonnaise d'Éphémérides et Dictionnaire, par Jos. Citrouillard (Commerson). *Paris, Marti-non, s. d.,* 3 tomes en 1 vol. in-18, demi-rel.

Réunion rare des trois chefs d'œuvre de Commerson.

373. Recueil des pièces en prose les plus agréables de ce temps. *Paris, Ch. de Sercy,* 1658-1663, 5 vol. in-12, m. r. plein, dent. tr. dor.

Le tome IIe a des piqûres racc., et le tome IIIe a des ff. manuscrits (15).

374. Recueil de pièces curieuses et nouvelles, tant en prose qu'en vers. *La Haye, Adr. Moetjens,* 1694-1696, 5 vol. in-12, m. r. plein, tr. dor.

375. Brantôme, œuvres complètes. *Paris, Renouard,* 1864-1876, 9 vol. in-8 br.

376. J.-J. Rousseau, œuvres complètes. *Paris, Ver-dière,* 1826, 1 vol. in-8, demi-mar. vert, tr. dor., édition en caractères microscopiques.

HISTOIRE.

377. Tablettes chronologiques de l'histoire univer-
selle, par Lenglet Du Fresnoy. *Paris, Debure,
Delaguelle,* 1778, 2 vol. in-12, r. v. f.

378. Histoire des personnes qui ont vécu plusieurs
siècles, par de Longueville-Harcourt. *Paris, veuve
Carpentier,* 1716, in-12, v.

379. Appian Alexandrin, historien grec. Des Guerres
civiles des Rommeins. *A Lion, par Jan de Tovrnes,*
1557, petit in-12, demi-m. r. tr. dor.

380. Abrégé des Antiquitez romaines. *Paris, Musier,*
1706, in-24, m. r. tr. dor.

381. Histoire des Croisades. Manuscrit copié sur celui
de la Bibl. de la rue Richelieu (n° 7192 et n° 7628),
3 vol. in-12, demi-m.

Copie faite en 1856 et 1857.

382. Annuaire-bulletin de la Société de l'Histoire de
France, années 1872, 1873, 1874, 1875, 1876,
1877. *Paris, Renouard,* 6 vol. in-8 brochés.

L'année 1877 est en feuilles.

383. Annuaire anecdotique. *Paris, Ponthieu,* 1826,
1827, 1828, 1829, 4 vol. in-18 brochés.

384. Nouveau Recueil de comptes de l'argenterie des
rois de France, par Douët-d'Arcq. *Paris, Renouard.*
1874, in-8 br.

385. Chronique de J. Froissart. Édit. Luce. *Paris,
Renouard,* 1876, 6 vol. in-8.

386. Anecdotes historiques, tirées d'un recueil inédit d'Etienne de Bourbon, publié par Lecoy de la Marche. *Paris, Renouard,* 1877, in-8 br.

387. La Chronique du bon duc Loys de Bourbon, publ. par A.-M. Chazaud. *Paris, Renouard,* 1876, in-8 br.

388. Commentaires et lettres de Blaise de Montluc, publ. par M. de Rulle. *Paris, Renouard,* 1872, in-8 broché.

Le tome V et dernier seulement.

389. Lettres d'Antoine de Bourbon et de Jehanne d'Albret, par le marquis de Rochambeau. *Paris, Renouard,* 1877, in-8 broché.

390. Mémoires inédits de Michel de la Huguerye. *Paris, Renouard,* 1877, 1 vol. in-8 br. (Tome 1 seulement.)

391. Journal de ma vie, mémoires de Bassompierre, publ. par de Chantérac. *Paris, Renouard,* 1870-1875, 4 vol grand in-8.

392. Chronique de Jean le Fèvre, seigneur de Saint-Rémy, par F. Morand. *Paris, Renouard,* 1876, in-8 br.

Tome 1er seulement.

393. La Muze historique de Loret. *Paris, Jannet et Daffis,* 1857-1878, 3 vol. grand in-8.

394. Conversation du maréchal d'Hoquincourt avec le père Canaye, par Saint-Evremont. *Paris,* 1865, grand in-32 broché.

395. Journal des inspecteurs de M. de Sartines, publ. par L. Larchey. *Bruxelles, Parent,* 1863, in-12, papier chamois, br.

396. Passion (la) et la mort de Louis XVI, roi des
juifs et des chrétiens. *A Jérusalem*, 1790, in-8,
figures.

Rare.

397. Répertoire ou Almanach hist. de la révolution
française. *Paris, Lefort, an* VII, 6 vol. petit in-12,
demi-v. f.

398. Recueil des actions héroïques des républicains
français. *Paris, Debarle, an* II, 5 cahiers en 1 vol.
in-18 br.

399. GRANDE JOIE, GRANDE COLÈRE, ETC., DU PÈRE DU-
CHESNE, PAR HÉBERT, 1792, 8 vol, in-8 br.

Cette collection comprend : 1º l'ouvrage de M. Ch. Brunet, sur grand
papier ; 2º les trente feuilles non numérotées, dont une est reproduite par
le procédé Pilinski ; les feuilles numérotées. Il manque dans celles-ci 34
numéros : 52, 76, 103, 138, 155, 156, 157, 159, 160, 161, 164, 165, 166,
167, 169, 171, 172, 173, 174, 176, 179, 182, 185, 186, 189, 192, 194,
195, 196, 197, 198, 199, 205 et 207. Les numéros 53, 134, 135 sont repro-
duits fac-simile. Les numéros 82, 91, 94, 184, 222 et 230 sont manuscrits,
sur des feuilles reproduisant fac-simile la vignette et les journeaux. Un
certain nombre de numéros sont rognés, d'autres ont un double titre ayant
entre eux des différences.

On a joint à l'exemplaire le numéro 139, signé Tremblay.

Cet exemplaire est, après celui que la Bibliothèque Nationale a acquis de
la succession de M. le comte de La Bédoyère, le plus complet qui existe en
France et probablement en Europe.

Ce journal est des plus rares et des plus curieux.

400. Société de l'Histoire de Paris, 1874-1878, 5 vol.
Mémoires, 1875-1878, 4 volumes.
Notice sur un plan de Paris, du xvie siècle, par
Jules Cousin. *Paris*, 1875.
Plan de Paris, par Trueschet, 9 feuilles (publié
par la Société) et deux reports photographiques.

401. Nouvelle Description de la ville de Paris et de
tout ce qu'elle contient de plus remarquable, par
Germain Brice, 8e édition. *Paris, Legras, Gandouin et Fournier*, 1725, 4 v. in-12, fig.

402. Dit (le) des rues de Paris, par Guillot de Pa-

ris, publ. par Edgar Mareuse. *Paris, libr. générale,* 1875, petit in-8 br.

403. Les Rues de Paris et les environs. *Paris, Valleyre,* 1757, 2 v. in-12, rel. en 1 v. f.

404. Noms des curieux de Paris. *Paris, Acad. des bibl.,* 1866, in-18 br.

Tiré à 140 ex.

405. Séjour de Paris, c.-à-d. instructions fidèles pour les voyageurs de condition, etc., par le sieur J.-C. Nemeitz. *Leide,* 1727, 2 v. petit in-8, veau, fig.

406. Almanach du voyageur à Paris, contenant, etc., par Thierry, année 1876. *Paris, Hardouin et Gatley,* in-12, rel. v. f., fatigué.

407. Almanach parisien. *Paris, veuve Duchesne et fils,* 1793, in-24, fig., rel. bas.

408. Paris pendant la révolution, par Mercier. *Paris, Poulet-Malassis,* 1862, 2 v. in-12 br.

409. Paris inconnu, par Privat d'Anglemont. *Paris, Delahays,* 1861, in-18, br.

410. Paris anecdote, par Privat d'Anglemont. *Paris, Delahays,* 1864, in-12, br.

411. Paris anecdote, par Privat d'Anglemont. *Paris, Sausset,* 1865, in-8, br.

412. A travers Paris inconnu, par P.-L. Imbert. *Paris, Decaux, s. d.* (1877), in-12 br.

413. Histoire des cafés de Paris. *Paris, Desloges,* 1857, in-18, br.

414. Chroniques de St-Martial de Limoges, publ. par Duples-Agier. *Paris, Renouard,* 1874, in-8.

415. Lyon. Mélanges historiques et littéraires, ou
recueil de documents rares ou inédits de la ville
de Lyon, publ. par Gonau. *Lyon, Dorier*, 1847,
gr. in-8.

Ex. sur grand papier.

416. Histoire de Béarn et Navarre, par Nicolas de
Bordenave, 1517 à 1572, publ. par P. Raymond.
Paris, Renouard, 1873, in-8 br.

417. Revue rétrospective, par Taschereau, 31 n.,
gr. in-8, 1/2 mar. la Vallière, n. r., tête dor.

418. Histoire des Iles Antilles de l'Amérique. *Lyon,
Focouny*, 2 v. in-12, 1/2 v. f.

BIBLIOGRAPHIE.

419. Curiosités bibliographiques et curiosités littéraires, par Lud. Lalanne. *Paris, Paulin*, 1845,
2 vol. in-16, demi-v. f., n. r.

420. Épreuve du 1ᵉʳ alphabet gravé par ordre du
roi par l'Imp. royale, in-32, br.

421. Précis historique de la Bibliothèque du roi,
aujourd'hui. Bibliothèque nationale, par Alfred
Franklin, 2ᵉ éd., corrig., éd. très-augm. *Paris,
L. Willem*, 1875, petit in-8 br.

422. Manuel du libraire et de l'amateur de livres,
par J. Ch. Brunet. *Paris, F. Didot*, 1860 &
suiv., 6 v. gr. in-8, 1/2 m. r., n. r.

423. Dictionnaire des ouvrages anonymes, par Barbier. *Paris, Daffis*, 1872-1877, 4 livr. gr. in-8 br.

424. France littéraire (la), par Guérard. *Paris, F. Didot*, 1827 à 1864, 12 vol. in-8, ex. en collé, demi-v. f., n. r., avec portrait.

425. Supercheries littéraires dévoilées, par Guérard. *Paris, Daffis*, 1869, 3 vol. gr. in-8.

426. Littérature (la) française contemporaine, par Guérard, Louandre et Bourquelot. *Paris, Daguin, Delaroque*, 1842 à 1857, 6 vol. in-8, pap. en collé, 1/2 v. f., n. r.

427. Chéron. Catalogue général de la librairie française au xixe siècle. *Paris, Jannet*, 1856 et suiv., 3 v. gr. in-8 br.

428. Lorenz (Otto). Catalogue de la librairie française. *Paris, chez O. Lorenz*, 1867-1870, 4 vol. gr. in-8.

429. Bibliographie de la presse, par Hatin. *Paris, G. Didot*, 1866, gr. in-8, demi-mar. n., t. dor.

430. Deschiens. Bibliographie des journaux. *Paris, Barron*, 1829, in-8, demi-v. f., n. r. tête dorée.

431. Bonnardot. De la Réparation des vieilles reliures. *Paris, Cartel*, 1858, in-18 br.

432. Bonnardot. Essai sur l'art de restaurer les estampes et les livres. *Paris*, 1858, in-12 br.

ORDRE DES VACATIONS.

Première Vacation, le jeudi 12 décembre 1878.

N°s 1 à 215.

Deuxième Vacation, le vendredi 13.

216 à 432.

LIVRES EN LOTS.

CONDITIONS DE LA VENTE.

La vente se fait au comptant.

Il y aura, chaque jour de vente, exposition de 2 à 4 heures.

Les acquéreurs paieront 5 p. 100 en sus des enchères, applicables aux frais.

Le libraire chargé de la vente remplira les commissions des personnes qui ne pourraient y assister.

Paris. — Imp. G. Chamerot, rue des Saints-Pères, 19. — 7426.